Sophia Dubois

Copyright ©

Merci beaucoup d'avoir choisi nos livres !
Votre avis compte vraiment, n'hésitez donc pas à nous laisser une évaluation ou un commentaire

Tous droits réservés. Ce livre ou des parties de celui-ci ne peuvent être reproduits, stockés dans un système quelconque ou transmis sous quelque forme que ce soit - électronique, mécanique, photocopie, enregistrement ou autrement - sans l'autorisation écrite préalable de l'éditeur

Ce livre appartient à:

1. Pourquoi les poissons vivent-ils dans l'eau ?

- Parce qu'en dehors, ils se noient de rire !

2. Quel est le fruit le plus cool ?
- La banane-neige !

3. Qu'est-ce qui est tout noir et blanc et qui mange des fourmis ?
- Une fourmisine !

4. Comment est-ce que la mer dit bonjour ?
- Elle agite ses vagues !

5. Pourquoi est-ce que les éléphants ne jouent jamais aux cartes ?

- Parce qu'ils ont peur d'être pris pour des tricheurs !

6. Qu'est-ce qui a des oreilles de lapin, une queue de lapin, mais qui n'est pas un lapin ?

- Un lapin en pyjama !

7. Qu'est-ce qui est plus gros qu'un éléphant, mais ne pèse rien du tout ?

- L'ombre de l'éléphant !

8. Pourquoi est-ce que les oiseaux ne jouent pas au football ?

- Parce qu'ils ont déjà assez de pénaltys !

9. Qu'est-ce qui est jaune et qui court vite ?

- Un citron pressé !

10. Qu'est-ce qui court sans jamais bouger ?

- L'eau !

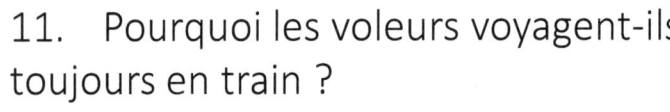

11. Pourquoi les voleurs voyagent-ils toujours en train ?

- Parce que c'est le moyen de transport le plus rapide... du butin !

12. Quel est le comble pour un électricien ?

- De partir en vacances à la plage pour se recharger !

13. Comment appelle-t-on un dinosaure qui a une dent en moins ?

- Un tyrannosaure-racine !

14. Pourquoi est-ce que les coccinelles sont toujours heureuses ?

- Parce qu'elles ont la puce à l'oreille !

15. Qu'est-ce qui est transparent et qui court dans les prés ?

- Un cheval-d'eau !

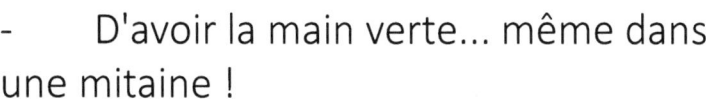

16. Quel est le comble pour un jardinier ?

- D'avoir la main verte... même dans une mitaine !

17. Pourquoi est-ce que les abeilles ne savent jamais comment se coiffer ?

- Parce qu'elles ont toujours des nœuds-nœuds !

18. Comment appelle-t-on un chat qui fait du kung-fu ?

- Un chat-trappe !

19. Qu'est-ce qui a des dents, mais qui ne peut pas manger ?

- Un peigne !

20. Pourquoi les pingouins portent-ils toujours un smoking ?

- Parce que c'est le seul moyen de se faire des glaçons en soirée !

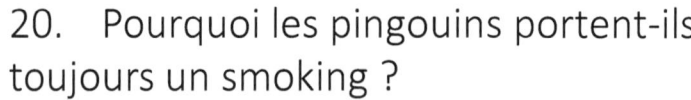

21. Quel est le comble pour un jardinier gourmand ?

- De semer des bonbons pour récolter des sucettes !

22. Comment appelle-t-on un chat qui aime la musique ?

- Un chat-bada !

23. Qu'est-ce qui est plus rapide que l'éclair ?

- La lumière, car elle arrive toujours avant l'éclair !

24. Pourquoi les oiseaux ne sont-ils jamais fatigués ?

- Parce qu'ils ont des ailes de repos !

25. Quel est le comble pour un joueur de basket ?

- De sauter aux conclusions !

26. Comment appelle-t-on un chien qui aime les vacances ?

- Un chien-lit !

27. Pourquoi les escargots sont-ils toujours en retard ?

- Parce qu'ils prennent leur temps pour être coquillages !

28. Qu'est-ce qui est blanc, doux et qui parle beaucoup ?

- Un nuage qui bavarde !

29. Pourquoi est-ce que les pianistes détestent les champignons ?

- Parce qu'ils ont du mal avec les partitions de mor-chopin !

30. Comment appelle-t-on un chien qui aime lire ?

- Un chien-livre !

31. Qu'est-ce qui est toujours à la fin de tout ?

- La lettre "t" !

32. Pourquoi est-ce que les livres ont toujours peur ?

- Parce qu'ils ont toujours leur fin en vue !

33. Quel est le comble pour un footballeur ?

- De mettre des bouchées doubles !

34. Comment appelle-t-on un poisson qui chante ?

- Un thon-lavabo !

35. Qu'est-ce qui est petit, vert, et qui court très vite dans l'herbe ?

- Un petit pois sauteur !

36. Pourquoi les requins n'aiment-ils pas les voyages en avion ?

- Parce que les requins préfèrent nager dans l'eau, pas dans l'air-eau !

37. Quel est le comble pour un coureur ?
- De tomber à l'eau en pleine course !

 38. Comment appelle-t-on une abeille qui vit aux États-Unis ?
- Une US-bee !

39. Qu'est-ce qui est rond et qui se promène dans un pré en chantant ?
- Un cerceau qui s'est mis à la chansonnette !

 40. Pourquoi est-ce que les chauves-souris ne sont jamais tristes ?
- Parce qu'elles trouvent toujours une aile pour s'envoler !

41. Quel est le comble pour un cuisinier ?

- De faire un tabac avec ses plats !

 42. Comment appelle-t-on un chat qui aime faire la sieste ?

- Un chat-pot !

43. Qu'est-ce qui a des roues et qui adore les carottes ?

- Un lapin à bicyclette !

 44. Pourquoi les feuilles ne jouent-elles jamais aux cartes ?

- Parce qu'elles sont toujours dans le jeu de l'arbre !

45. Quel est le comble pour un écrivain ?

 - D'avoir toujours des pages à tourner !

46. Comment appelle-t-on un chien qui aime les glaces ?

 - Un chien-vanille !

47. Qu'est-ce qui est toujours en retard à l'école ?

 - La pendule !

48. Pourquoi est-ce que les serpents ne sont jamais en colère ?

 - Parce qu'ils font toujours des serpentes-tions !

49. Quel est le comble pour un aviateur ?

- De perdre le nord en plein vol !

50. Comment appelle-t-on un chat qui joue du piano ?

- Un chat-musicien !

51. Qu'est-ce qui est noir, blanc et rouge, et qui ne peut pas monter les escaliers ?

- Un pingouin avec une fracture de la glace !

52. Pourquoi les oiseaux ne savent-ils jamais ce qu'ils veulent devenir quand ils seront grands ?

- Parce qu'ils n'ont pas encore trouvé leur voie !

53. Quel est le comble pour un cuisinier ?

- D'avoir un succès qui fait saliver tout le monde !

54. Comment appelle-t-on un chien qui aime le football ?

- Un chien-ballon !

55. Qu'est-ce qui est toujours mouillé en été et en hiver ?

- Le nez d'un bonhomme de neige !

56. Pourquoi est-ce que les ballons ont toujours peur ?

- Parce qu'ils savent qu'à la fin, on les éclate !

57. Quel est le comble pour un jardinier ?

- D'avoir des tomates cerises qui chantent en chœur !

58. Comment appelle-t-on un chat qui aime les glissades ?

- Un chat-boggan !

59. Qu'est-ce qui est tout petit, vert, et qui court après les moutons ?

- Un petit pois chiche !

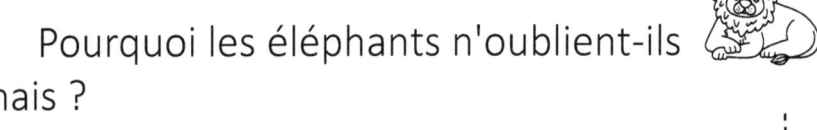

60. Pourquoi les éléphants n'oublient-ils jamais ?

- Parce qu'ils ont une mémoire d'éléphant !

61. Qu'est-ce qui est jaune et qui court très vite ?

- Un citron pressé !

62. Comment appelle-t-on un bonhomme de neige qui a chaud ?

- Un fondant au chocolat !

63. Pourquoi est-ce que les crayons ne vont jamais en vacances ?

- Parce qu'ils ont toujours la mine occupée !

64. Quel est le comble pour un électricien ?

- De prendre des ampoules pour des lanternes !

65. Comment appelle-t-on un chien qui peut jongler ?

- Un chien-sembleur !

66. Qu'est-ce qui est tout vert, glissant et qui joue de la musique ?

- Un concombre en concert !

67. Pourquoi est-ce que les oiseaux ne jouent jamais aux échecs ?

- Parce qu'ils ont peur des pions !

68. Quel est le comble pour un médecin ?

- D'avoir mal à l'estomac... de rire !

69. Comment appelle-t-on un chat qui aime les jeux vidéo ?

- Un chat-levé !

70. Qu'est-ce qui est rouge et qui sent la peinture bleue ?

- Une fraise qui se prend pour une myrtille !

71. Pourquoi est-ce que les bateaux n'aiment pas les épinards ?

- Parce qu'ils coulent à pic !

72. Quel est le comble pour un pêcheur ?

- De ne jamais rien attraper... à part un fou rire !

73. Comment appelle-t-on un chien qui aime les maths ?

- Un chien-addition !

74. Qu'est-ce qui a des ailes et qui parle beaucoup ?

- Un avion qui a des turbulences de conversation !

75. Pourquoi est-ce que les clés ont toujours le dernier mot ?

- Parce qu'elles ferment la porte !

76. Quel est le comble pour un kangourou ?

- De sauter de joie !

77. Comment appelle-t-on un chat qui aime les blagues ?

- Un chat-plaisant !

78. Qu'est-ce qui est plus grand que la Tour Eiffel, mais qui ne pèse rien du tout ?

- L'ombre de la Tour Eiffel !

79. Pourquoi est-ce que les ballons ne sont jamais tristes ?

- Parce qu'ils rebondissent toujours !

80. Quel est le comble pour un jardinier amoureux ?

- D'avoir un coup de foudre pour sa plante préférée !

81. Comment appelle-t-on un chien qui aime danser ?

- Un chien-dal !

82. Qu'est-ce qui est petit, vert et qui court dans les bois ?

- Un petit pois sauvage !

83. Pourquoi est-ce que les pianistes détestent les pizzas ?

- Parce qu'ils ont du mal avec les notes-pizzas !

84. Quel est le comble pour un paresseux ?

- De dormir debout !

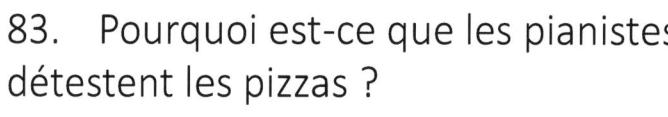

85. Comment appelle-t-on un chat qui aime jouer aux cartes ?

- Un chat-ouille !

86. Qu'est-ce qui est rond, coloré et qui roule dans l'herbe ?

- Un pommier à roulettes !

87. Pourquoi est-ce que les chiens aiment les ordinateurs ?

- Parce qu'ils ont un clavier à leurs pattes !

88. Quel est le comble pour un peintre ?

- D'être "toile"ment épatant !

89. Comment appelle-t-on un chat qui aime le café ?

- Un chat-cinno !

90. Qu'est-ce qui est toujours dans la main d'un jardinier ?

- Son pouce vert !

91. Pourquoi est-ce que les montres sont toujours en retard ?

- Parce qu'elles n'arrêtent pas de tourner en rond !

92. Quel est le comble pour un chat qui lit ?

- De poser toujours la patte sur le bon livre !

93. Comment appelle-t-on un chien qui aime la musique classique ?

- Un chien-chanteur !

94. Qu'est-ce qui est blanc, doux et qui court dans les prés ?

- Un mouton qui a trop froid !

95. Pourquoi est-ce que les crayons ne sont jamais fatigués ?

- Parce qu'ils ont toujours la mine en forme !

96. Quel est le comble pour un peintre ?

- De ne jamais être "à court" d'idées !

97. Comment appelle-t-on un chat qui aime faire du vélo ?

- Un chat-pédaleur !

98. Qu'est-ce qui est transparent, a des roues, mais qui ne roule jamais ?

- Une bulle de savon à vélo !

99. Pourquoi est-ce que les araignées sont toujours en avance à l'école ?

- Parce qu'elles savent tisser des toiles bien avant les autres !

100. Quel est le comble pour un chien de chasse ?

- D'avoir toujours un bon odorat... de blagues !

101. Comment appelle-t-on un chat qui aime le cirque ?

- Un chat-acrobate !

102. Qu'est-ce qui est toujours mouillé en été, sec en hiver, mais qui ne prend jamais de douche ?

- Le sable !

103. Pourquoi est-ce que les poissons n'aiment pas les mathématiques ?

- Parce qu'ils ont du mal avec les poissons-chiffres !

104. Quel est le comble pour un jardinier coquet ?

- D'arroser les fleurs avec un vaporisateur de parfum !

105. Comment appelle-t-on un chien qui aime le chocolat ?

- Un chien-au-lait !

106. Qu'est-ce qui est tout noir, tout blanc et qui sent la peinture ?

- Un zèbre qui vient de repeindre son pelage !

107. Pourquoi est-ce que les cerfs-volants ne vont jamais à l'école ?

- Parce qu'ils ont déjà le vent en poupe !

108. Quel est le comble pour un chat qui fait du karaté ?

- De donner des coups de patte gagnants !

109. Comment appelle-t-on un chien qui aime le tennis ?

- Un chien-balles !

110. Pourquoi est-ce que les oiseaux ne portent jamais de pantalons ?

- Parce qu'ils ont déjà des ailes !

111. Quel est le comble pour un boulanger ?

- De rouler des tartes en douce !

112. Comment appelle-t-on un chat qui aime la musique rock ?

- Un chat-marin !

113. Qu'est-ce qui est tout rouge, qui sent la cerise, mais qui ne se mange pas ?

- Un peintre qui a renversé sa palette !

114. Pourquoi est-ce que les canards ne sont jamais endettés ?

- Parce qu'ils ont toujours des "becs" pour tout payer !

115. Quel est le comble pour un jardinier gourmand ?

- De cultiver des bonbons dans son potager !

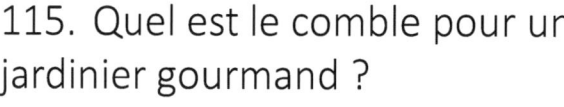

116. Comment appelle-t-on un chien qui aime les spectacles comiques ?

- Un chien-casseur !

117. Qu'est-ce qui est blanc, qui tombe du ciel et qui se mange ?
- Un flocon de sucre glace !

118. Pourquoi est-ce que les arbres sont toujours de bonne humeur ?
- Parce qu'ils sont bien enracinés !

119. Quel est le comble pour un facteur ?
- De toujours "poster" des blagues drôles dans les boîtes aux lettres !

120. Comment appelle-t-on un chat qui aime jouer du piano ?
- Un chat-mélodieux !

121. Qu'est-ce qui a des roues, un volant, mais qui ne conduit pas ?

- Un autobus en grève !

122. Pourquoi est-ce que les éléphants ne jouent jamais aux cartes ?

- Parce qu'ils ont peur de dévoiler leur trompe !

123. Quel est le comble pour un cascadeur ?

- De prendre tous les risques, sauf ceux de rire !

124. Comment appelle-t-on un chien qui aime les glaces ?

- Un chien-glacé !

125. Qu'est-ce qui est tout rouge, qui court très vite, mais qui ne se fatigue jamais ?

- Un radiateur en fuite !

126. Pourquoi est-ce que les feuilles ne sont jamais fatiguées ?

- Parce qu'elles se reposent toujours sur les arbres !

127. Quel est le comble pour un clown ?

- De faire des farces même en dormant !

128. Comment appelle-t-on un chat qui aime les enquêtes policières ?

- Un chat-loupe !

129. Qu'est-ce qui est vert, qui saute partout, mais qui n'est pas une grenouille ?

- Un petit pois en pleine forme !

130. Pourquoi est-ce que les tortues aiment les courses de voiture ?

- Parce qu'elles sont toujours dans la course... lentement !

131. Quel est le comble pour un poisson ?

- De devenir un poisson pilote !

132. Comment appelle-t-on un chien qui aime les saisons ?

- Un chien-timents !

133. Qu'est-ce qui est tout rouge, qui a des moustaches, mais qui ne se rase jamais ?

- Une fraise qui veut ressembler à une framboise !

134. Pourquoi est-ce que les souris n'aiment pas les jeux de société ?

- Parce qu'elles ont peur de rester "coincées" dans le jeu du chat et de la souris !

135. Quel est le comble pour un pompier ?

- D'avoir toujours le feu sacré... pour les blagues !

136. Comment appelle-t-on un chat qui aime les parapluies ?

- Un chat-pluie !

137. Qu'est-ce qui est blanc, doux et qui vole ?

- Une mouette meringuée !

138. Pourquoi est-ce que les crêpes sont toujours contentes ?

- Parce qu'elles sont toujours bien "tournées" !

139. Quel est le comble pour un électricien ?

- De mettre de l'ambiance en soirée avec des ampoules qui clignotent !

140. Comment appelle-t-on un chien qui aime jouer au rugby ?

- Un chien-maradeur !

141. Qu'est-ce qui est noir, blanc, et qui roule dans l'herbe ?

- 	Un piano à bretelles !

142. Pourquoi est-ce que les arbres ne font jamais la grève ?

- 	Parce qu'ils sont toujours bien "plantés" !

143. Quel est le comble pour un musicien ?

- 	De jouer "à cordes" perdues !

144. Comment appelle-t-on un chat qui aime le football ?

- 	Un chat-gol !

145. Qu'est-ce qui est plus gros qu'un éléphant, mais qui n'est pas lourd du tout ?

- Sa trompe !

146. Pourquoi est-ce que les montres aiment le cinéma ?

- Parce qu'elles ont toujours leur tic et leur tac pour les séances !

147. Quel est le comble pour un cascadeur acrobate ?

- D'envoyer "valser" les applaudissements !

148. Comment appelle-t-on un chien qui aime les sciences ?

- Un chien-tifique !

149. Qu'est-ce qui est transparent, qui tombe du ciel, mais qui ne mouille pas ?

- Une étoile filante de sucre !

150. Pourquoi est-ce que les arbres sont de bons amis ?

- Parce qu'ils sont toujours là pour se "brancher" !

151. Quel est le comble pour un escargot ?

- De passer son temps... à toute vitesse !

152. Comment appelle-t-on un chat qui aime jouer à cache-cache ?

- Un chat-loupe !

153. Qu'est-ce qui est tout noir, tout blanc et qui vole dans le ciel ?

- Une mouche qui lit le journal en volant !

154. Pourquoi est-ce que les fusées sont toujours pressées ?

- Parce qu'elles veulent toujours être "dans les étoiles" à temps !

155. Quel est le comble pour un acrobate ?

- De faire des sauts périlleux... de rire !

156. Comment appelle-t-on un chien qui aime les devinettes ?

- Un chien-igme !

157. Qu'est-ce qui est noir, qui court très vite, mais qui n'est pas une voiture ?

- Une moto en panne !

158. Pourquoi est-ce que les arbres n'aiment pas les ordinateurs ?

- Parce qu'ils préfèrent avoir des feuilles et pas des touches !

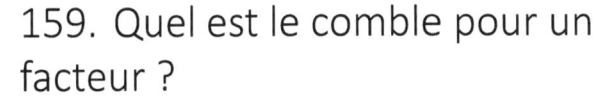

159. Quel est le comble pour un facteur ?

- De toujours "livrer" de bonnes blagues à domicile !

160. Pourquoi est-ce que les abeilles sont toujours occupées ?

- Parce qu'elles ont un emploi du temps chargé !

161. Quel est le comble pour un boucher ?

- D'avoir la viande... en train de rire !

162. Comment appelle-t-on un chat qui aime jouer aux échecs ?

- Un chat-mate !

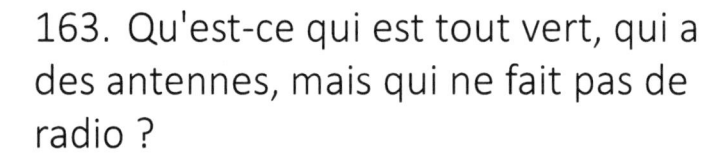

163. Qu'est-ce qui est tout vert, qui a des antennes, mais qui ne fait pas de radio ?

- Un concombre extraterrestre !

164. Pourquoi est-ce que les escargots sont de bons musiciens ?

- Parce qu'ils ont toujours leur coquille pour résonner !

165. Quel est le comble pour un chauffeur de taxi ?

- De conduire... tout le monde à rire !

166. Comment appelle-t-on un chien qui aime les glissades ?

- Un chien-luge !

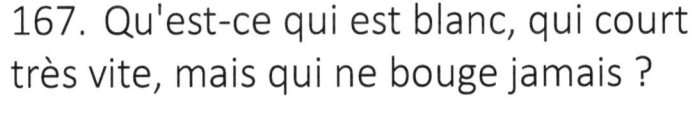

167. Qu'est-ce qui est blanc, qui court très vite, mais qui ne bouge jamais ?

- Un frigo qui veut échapper à la chaleur !

168. Pourquoi est-ce que les kangourous n'aiment pas les vacances ?

- Parce qu'ils préfèrent toujours rester dans leur poche !

169. Quel est le comble pour un cuisinier ?

- De faire le poêle mignon en cuisine !

170. Comment appelle-t-on un chat qui aime la musique country ?

- Un chat-cowboy !

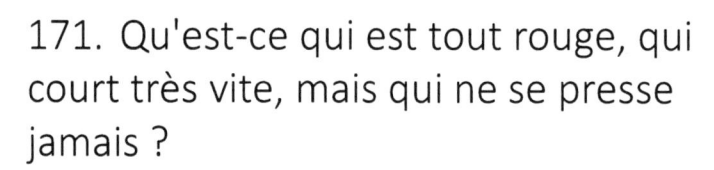

171. Qu'est-ce qui est tout rouge, qui court très vite, mais qui ne se presse jamais ?

- Un petit pois qui rougit quand on le regarde !

172. Pourquoi est-ce que les montres ne vont jamais à la plage ?

- Parce qu'elles ont toujours peur de se noyer dans le sable du temps !

173. Quel est le comble pour un menuisier ?

- D'avoir toujours un coup de scie à la fin de la journée !

174. Comment appelle-t-on un chien qui aime le cirque ?

- Un chien-drobate !

175. Qu'est-ce qui est blanc, qui court très vite, mais qui ne va jamais à l'école ?

- Un tableau blanc !

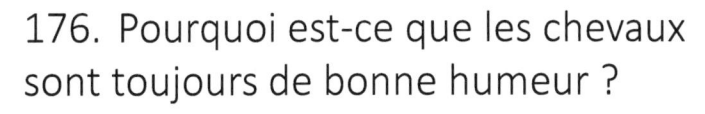

176. Pourquoi est-ce que les chevaux sont toujours de bonne humeur ?

- Parce qu'ils sont de bons amis et toujours "à cheval" sur la joie !

177. Quel est le comble pour un maçon ?

- De toujours avoir un mur de rire !

178. Comment appelle-t-on un chat qui aime jouer aux énigmes ?

- Un chat-nigme !

179. Qu'est-ce qui est tout bleu, qui a des ailes, mais qui ne vole pas ?

- Un poisson d'avril sur un nuage !

180. Pourquoi est-ce que les clowns sont toujours souriants ?

- Parce qu'ils ont toujours le nez qui les chatouille de rire !

181. Quel est le comble pour un astronaute ?

- D'être dans les étoiles... de rire !

182. Comment appelle-t-on un chien qui aime les vêtements ?

- Un chien-costaud !

183. Qu'est-ce qui est tout jaune, qui court très vite, mais qui ne se fatigue jamais ?

- Un canari dans une course de vitesse !

184. Pourquoi est-ce que les trains n'aiment pas les maths ?

- Parce qu'ils ont du mal avec les wagons-chiffres !

185. Quel est le comble pour un jardinier ?

- D'avoir le "sourire-fleur" en permanence !

186. Comment appelle-t-on un chat qui aime les glaces ?

- Un chat-glacier !

187. Qu'est-ce qui est tout rouge, qui a des jambes, mais qui ne marche pas ?

- Une table de ping-pong avec des bras !

188. Pourquoi est-ce que les tortues sont toujours en retard à l'école ?

- Parce qu'elles prennent leur temps pour aller à pas de tortue !

189. Quel est le comble pour un acrobate jongleur ?

-   De faire tourner tout le monde... en bourrique !

190. Comment appelle-t-on un chien qui aime les poissons ?

-   Un chien-dauphin !

191. Qu'est-ce qui est rond, coloré, mais qui ne peut pas voler ?

-   Un cerf-volant en sommeil !

192. Pourquoi est-ce que les araignées sont toujours contentes ?

-   Parce qu'elles tissent toujours leur toile de bonheur !

193. Quel est le comble pour un photographe ?

- De prendre tout le monde en "flash" d'humour !

194. Comment appelle-t-on un chat qui aime les enquêtes policières ?

- Un chat-détective !

195. Qu'est-ce qui est tout bleu, qui vole dans le ciel, mais qui ne sait pas nager ?

- Un nuage de pluie déguisé en oiseau !

196. Pourquoi est-ce que les tortues ne font jamais la course ?

- Parce qu'elles ont le temps de profiter du paysage !

197. Quel est le comble pour un jardinier ?

- D'avoir toujours des oiseaux qui chantent sur ses épaules !

198. Comment appelle-t-on un chien qui aime les cadeaux ?

- Un chien-veloppe !

199. Qu'est-ce qui est noir, tout petit, mais qui est toujours en mouvement ?

- Un cafard qui danse le rock'n'roll !

200. Pourquoi est-ce que les cerfs-volants n'aiment pas les orages ?

- Parce qu'ils ont peur de s'envoler dans l'éclair !

201. Quel est le comble pour un écrivain ?

- D'avoir toujours des idées qui font... des histoires !

202. Comment appelle-t-on un chat qui aime jouer aux billes ?

- Un chat-bille !

203. Qu'est-ce qui est tout rouge, qui sent bon, mais qui ne se mange pas ?

- Un poisson parfumé à la fraise !

204. Pourquoi est-ce que les éléphants n'aiment pas le vélo ?

- Parce qu'ils ont du mal à pédaler avec leurs pattes !

205. Quel est le comble pour un cosmonaute ?

- De jouer au loto... dans l'espace !

206. Comment appelle-t-on un chien qui aime le basket ?

- Un chien-panier !

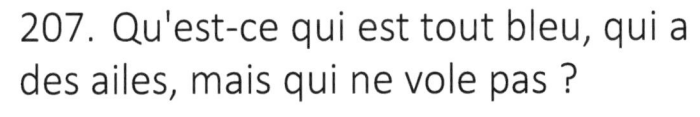

207. Qu'est-ce qui est tout bleu, qui a des ailes, mais qui ne vole pas ?

- Une chaise dans un ciel de peinture !

208. Pourquoi est-ce que les nuages ne vont jamais au cinéma ?

- Parce qu'ils préfèrent jouer leur propre film dans le ciel !

209. Quel est le comble pour un détective ?

- De résoudre des é

210. Pourquoi est-ce que les chiens ne sont jamais tristes ?

- Parce qu'ils ont toujours la queue en l'air !

211. Quel est le comble pour un électricien ?

- D'avoir des idées qui font "flash" dans sa tête !

212. Comment appelle-t-on un chat qui aime jouer aux cartes ?

- Un chat-tout !

213. Qu'est-ce qui est tout rose, qui court très vite, mais qui n'est pas une fraise ?

- Un cochon qui veut attraper des bulles de savon !

214. Pourquoi est-ce que les clowns n'aiment pas les légumes ?

- Parce qu'ils ont toujours le nez qui chatouille de rire devant les gâteaux !

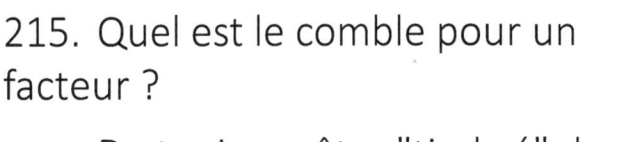

215. Quel est le comble pour un facteur ?

- De toujours être "timbré" de rire !

216. Comment appelle-t-on un chien qui aime le karaté ?

- Un chien-chop !

217. Qu'est-ce qui est tout bleu, qui a des ailes, mais qui ne vole pas ?

- Un nuage en train de faire la sieste !

218. Pourquoi est-ce que les escargots ne jouent jamais au football ?

- Parce qu'ils ont peur de se transformer en escargots de but !

219. Quel est le comble pour un maçon ?

- D'avoir toujours les bons "bétons" pour construire ses blagues !

220. Comment appelle-t-on un chat qui aime jouer avec les souris ?

- Un chat-attrapeur !

221. Qu'est-ce qui est tout jaune, qui sent bon, mais qui ne se mange pas ?

- Une fleur parfumée au citron !

222. Pourquoi est-ce que les chiens n'aiment pas les ordinateurs ?

- Parce qu'ils préfèrent aboyer plutôt que de "clavier" !

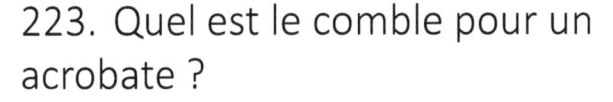

223. Quel est le comble pour un acrobate ?

- D'être toujours "en l'air" de rire !

224. Comment appelle-t-on un chien qui aime les ciseaux ?

- Un chien-ciseaux !

225. Qu'est-ce qui est tout rose, qui a des ailes, mais qui ne peut pas voler ?

- Un flamant rose en train de faire la sieste !

226. Pourquoi est-ce que les horloges sont toujours pressées ?

- Parce qu'elles ont peur de prendre du retard !

227. Quel est le comble pour un menuisier ?

- De toujours avoir un coup de rabot en plus !

228. Comment appelle-t-on un chat qui aime jouer au piano ?

- Un chat-sicord !

229. Qu'est-ce qui est tout jaune, qui court très vite, mais qui ne sait pas nager ?

- Un poussin en pleine course !

230. Pourquoi est-ce que les crayons ne vont jamais en vacances ?

- Parce qu'ils ont toujours la mine occupée !

231. Quel est le comble pour un astronaute ?

- D'atteindre des sommets... de rire !

232. Comment appelle-t-on un chien qui aime les spectacles comiques ?

- Un chien-rire !

233. Qu'est-ce qui est tout rose, tout petit, mais qui fait toujours sourire ?

- Un bonbon en forme de cœur !

234. Pourquoi est-ce que les escargots n'aiment pas les devinettes ?

- Parce qu'ils prennent toujours leur temps pour répondre !

235. Quel est le comble pour un cuisinier ?

- D'être toujours "toqué" de rire !

236. Comment appelle-t-on un chat qui aime les jeux vidéo ?

- Un chat-consoles !

237. Qu'est-ce qui est tout jaune, qui court très vite, mais qui ne bouge jamais ?

- Une banane qui s'est figée de peur !

238. Pourquoi est-ce que les abeilles n'aiment pas les maths ?

- Parce qu'elles ont du mal avec les opérations bourdonnantes !

239. Quel est le comble pour un cosmonaute ?

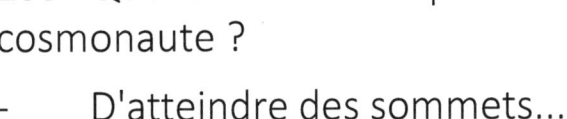

- D'atteindre des sommets... d'humour dans l'espace !

240. Comment appelle-t-on un chien qui aime le chocolat ?

- Un chien-gourmand !

241. Qu'est-ce qui est tout rose, tout doux, mais qui ne sait pas nager ?

- Un nuage en coton-candy !

242. Pourquoi est-ce que les horloges ne vont jamais à l'école ?

- Parce qu'elles ont déjà toutes leurs heures de cours !

243. Quel est le comble pour un jardinier ?

- D'avoir le "pot-rire" en permanence !

244. Comment appelle-t-on un chat qui aime les mathématiques ?

- Un chat-calcul !

245. Qu'est-ce qui est tout jaune, tout petit, mais qui a toujours le sourire ?

- Un canari en train de chanter !

246. Pourquoi est-ce que les serpents ne jouent jamais aux échecs ?

- Parce qu'ils ont du mal à se déplacer en "cases" !

247. Quel est le comble pour un magicien ?

- De faire "disparaître" les tracas des gens avec ses blagues !

248. Comment appelle-t-on un chien qui aime les légumes ?

- Un chien-brocoli !

249. Qu'est-ce qui est tout rose, tout doux, mais qui ne sait pas voler ?

- Un flamant rose en peluche !

250. Pourquoi est-ce que les araignées n'aiment pas les fêtes ?

- Parce qu'elles ont peur de se faire attraper dans les toiles d'anniversaire !

251. Quel est le comble pour un pâtissier ?

- D'avoir toujours le "gâteau" du rire à la fin du repas !

252. Comment appelle-t-on un chat qui aime les jeux de société ?

- Un chat-jeux !

253. Qu'est-ce qui est tout jaune, qui a des ailes, mais qui ne peut pas voler ?

- Un poussin en plastique dans un œuf surprise !

254. Pourquoi est-ce que les oiseaux sont toujours de bonne humeur ?

- Parce qu'ils chantent toujours pour répandre la joie !

255. Quel est le comble pour un astronaute ?

- D'aller sur la lune et de la trouver "miel-levable" !

256. Comment appelle-t-on un chien qui aime les vacances à la plage ?

- Un chien-soleil !

257. Qu'est-ce qui est tout rose, tout doux, mais qui ne peut pas voler ?

- Un marshmallow en forme de cœur !

258. Pourquoi est-ce que les clowns n'aiment pas les légumes ?

- Parce qu'ils préfèrent toujours faire des farces

259. Quel est le comble pour un peintre ?

- De faire des couleurs qui chatouillent les yeux !

260. Comment appelle-t-on un chat qui aime les fruits ?

- Un chat-peau !

261. Qu'est-ce qui est tout rose, tout doux, mais qui ne sait pas danser ?

- Un nuage en barbe à papa !

262. Pourquoi est-ce que les poissons ne jouent jamais de la musique ?

- Parce qu'ils ont du mal avec les poissons-sons !

263. Quel est le comble pour un clown ?

- De faire des blagues... en riant de lui-même !

264. Comment appelle-t-on un chien qui aime les friandises ?

- Un chien-gourmandise !

265. Qu'est-ce qui est tout vert, qui court très vite, mais qui ne se lasse jamais ?

- Un escargot qui rêve de devenir une salade !

266. Pourquoi est-ce que les singes n'aiment pas les mathématiques ?

- Parce qu'ils ont du mal avec les singes-chiffres !

267. Quel est le comble pour un pilote d'avion ?

- D'atteindre des sommets... de rire dans les airs !

268. Comment appelle-t-on un chat qui aime les jouets ?

- Un chat-oyant !

269. Qu'est-ce qui est tout rose, tout doux, mais qui ne sait pas nager ?

- Un gâteau en coton-candy !

270. Pourquoi est-ce que les crayons détestent les légumes ?

- Parce qu'ils ont peur de devenir des crayons de couleur !

271. Quel est le comble pour un jongleur ?

- De jongler... avec les mots pour faire rire !

272. Comment appelle-t-on un chien qui aime les glaces ?

- Un chien-sorbet !

273. Qu'est-ce qui est tout vert, qui a des ailes, mais qui ne peut pas voler ?

- Un poivron dans un avion en papier !

274. Pourquoi est-ce que les tortues n'aiment pas les blagues ?

- Parce qu'elles prennent toujours leur temps pour comprendre !

275. Quel est le comble pour un acrobate ?

- D'être toujours "saut-astique" dans ses performances !

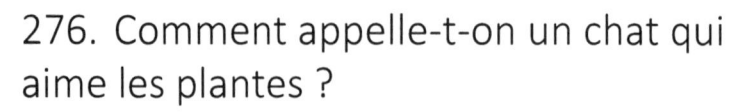

276. Comment appelle-t-on un chat qui aime les plantes ?

- Un chat-plante !

277. Qu'est-ce qui est tout rose, qui a des ailes, mais qui ne peut pas voler ?

- Un cochon d'Inde dans un ballon !

278. Pourquoi est-ce que les chauves-souris n'aiment pas les énigmes ?

- Parce qu'elles ont du mal à se "suspendre" aux réponses !

279. Quel est le comble pour un boulanger ?

- D'avoir toujours un four "délicieux" pour cuire ses blagues !

280. Comment appelle-t-on un chien qui aime les fleurs ?

- Un chien-fleur !

281. Qu'est-ce qui est tout vert, qui a des ailes, mais qui ne peut pas voler ?

- Un petit pois dans un cerf-volant !

282. Pourquoi est-ce que les kangourous n'aiment pas les maths ?

- Parce qu'ils ont du mal avec les sauts-chiffres !

283. Quel est le comble pour un poisson rouge ?

- De nager... dans un océan de rires !

284. Comment appelle-t-on un chat qui aime les fruits de mer ?

- Un chat-poisson !

285. Qu'est-ce qui est tout rose, tout doux, mais qui ne sait pas jouer de la musique ?

- Un marshmallow en peluche !

286. Pourquoi est-ce que les escargots n'aiment pas les jeux vidéo ?

- Parce qu'ils préfèrent prendre leur temps dans le monde réel !

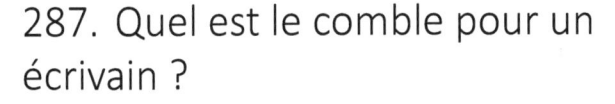

287. Quel est le comble pour un écrivain ?

- D'avoir toujours des mots "plume-tueux" pour écrire des blagues !

288. Comment appelle-t-on un chien qui aime les légumes ?

- Un chien-carotte !

289. Qu'est-ce qui est tout vert, tout doux, mais qui ne peut pas voler ?

- Un épinard en peluche !

290. Pourquoi est-ce que les oiseaux sont toujours en avance à l'école ?

- Parce qu'ils ont toujours leur bec à l'heure !

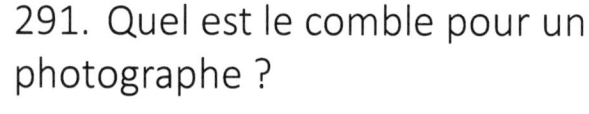

291. Quel est le comble pour un photographe ?

- De toujours "développer" des sourires sur les visages !

292. Comment appelle-t-on un chat qui aime les jeux de mots ?

- Un chat-museau !

293. Qu'est-ce qui est tout rose, tout doux, mais qui ne peut pas voler ?

- Une guimauve en peluche !

294. Pourquoi est-ce que les nuages n'aiment pas les devinettes ?

- Parce qu'ils ont du mal à trouver les réponses... dans le ciel !

295. Quel est le comble pour un jardinier ?

- D'avoir la main verte... pour faire pousser les rires !

296. Comment appelle-t-on un chien qui aime les accessoires ?

- Un chien-collier !

297. Qu'est-ce qui est tout vert, qui a des ailes, mais qui ne peut pas voler ?

- Un petit pois dans un avion en papier !

298. Pourquoi est-ce que les crayons n'aiment pas les jeux de société ?

- Parce qu'ils préfèrent dessiner plutôt que de "jouer de rôle" !

299. Quel est le comble pour un cascadeur ?

- De faire des "sauts" de joie après chaque performance !

300. Comment appelle-t-on un chat qui aime le soleil ?

- Un chat-lumeau !

J'espère que ces blagues feront sourire les enfants !

Sophia DUBOIS

Printed in France by Amazon
Brétigny-sur-Orge, FR